AF288313

"Warum wir nicht lügen, selbst wenn wir es tun!"

Verständnishilfe für notorische Lügner,
unsere Mitmenschen und uns selbst

Reinhold Ulrich

Herstellung und Verlag:
Books on Demand GmbH, Norderstedt
ISBN 978-3-8423-3797-8

Inhaltsverzeichnis

Widmung

Ich widme dieses Buch den beiden neuen Erden-
bürgern Sofia und Andreas. Mögen sie immer in der
Wahrheit sein und leben, sowie das daraus entste-
hende Glück genießen.

Danksagung

Ich sage allen Dank, die mir in positiver oder auch negativer Form - ob nun gewollt oder auch nicht gewollt - die Wichtigkeit von Ehrlichkeit, Wahrheit, Lügen und deren bewusste Differenzierung im Leben zeigten.

Insbesondere danke ich den Personen, welche in mir durch ihr beständiges Verdeutlichen von angeblich klaren Dingen, die Skepsis gegenüber dem vermeintlich Eindeutigen und der Wahrheit geweckt haben.

Weiter möchte ich allen danken, die mir bei der Verwirklichung dieses, zumindest doch für mich wichtigen Buches zur Seite standen und mich unterstützten.

Mein besonderer Dank gilt den zahlreichen privaten Zuhörerinnen und Zuhörern, den Gesprächspartnerinnen und Gesprächspartnern, sowie allen direkt und indirekt bei der Schaffung und Herstellung dieses Buches betroffenen Beschäftigten.

Vorwort

Die Geschichte der Menschheit ist voll von Lug und Betrug. Mancher Lug oder Betrug erscheint hierbei noch lustig oder auch einem positiven Zweck zu dienen, aber die Mehrzahl dieser Geschehnisse haben einen knallharten, meist materiellen Hintergrund, sowie sie keinesfalls positiven Zielen dienen.

So erklärt es sich auch leicht, dass der Mensch nach zirka fünftausend Jahren aufgezeichneter Geschichte immer noch der größte Feind des Menschen und wie uns neuzeitlichen Menschen wohl langsam immer klarer wird, auch der aller anderen Arten ist.

Wir sehen uns heute, zu Beginn des 21. Jahrhunderts, als zivilisierte Menschen (und Mitteleuropäer), sind aber letztlich keinen Deut besser als unsere Vorfahren. Seien es nun die, die vor 100-, 200-, 300- oder noch mehr Jahrhunderten oder sogar Jahrtausenden lebten.

Vermutet man doch, dass die vermeintlich stattgefundene Entwicklung und damit Erziehung in diesen längeren Zeiträumen wohl langsam etwas bewirkt haben sollte.

So ist Erziehung bekanntlich keine ganz einfach zu bewältigende Sache und hat lebenslange Auswirkungen auf das jeweilige Individuum.
Wie stark sich diese jedoch wirklich auf ein Leben und dessen Verlauf auswirkt, dürfte auch dem Letzten, nach den zwischenzeitlich vorliegenden Erkenntnissen der Psychologie und den uns nun zugänglichen Kriminalstatistiken, zunehmend bewusst

sein oder doch bewusster werden.

In dem hier vorliegenden Buch soll im Rahmen einer kleinen Abhandlung, der Begriff der Lüge, dessen Aspekte im Allgemeinen und die hierbei, sowie auch bei anderen sprachlichen Bestimmungen, letztendlich zum Tragen kommenden Grenzbedingungen in Kürze beleuchtet werden.

Es nimmt nicht für sich in Anspruch eine streng wissenschaftliche, ausführliche Darstellung der hier angesprochenen Zusammenhänge zu liefern, was auch den Rahmen eines "Denk-Anstoß-Buches", so wie der Autor dieses Büchlein verstanden haben will, bei weitem sprengen würde.
Diese Aufgabe sollte letztendlich den Wissenschaftlern der entsprechenden Disziplinen vorbehalten sein und dürfte dort eventuell auf einen weit fruchtbareren Boden fallen.

Damit mag der Leserin/dem Leser auch verständlich sein, dass der Autor nicht beabsichtigt bestehende Weltbilder und Grundüberzeugungen ad absurdum zu führen oder diese aus den Angeln zu heben bzw. diese der Lächerlichkeit preiszugeben.

Was der Autor allerdings wirklich damit beabsichtigt, ist die Verdeutlichung dessen, dass wir das "gottgegebene Geschenk" des Verstandes zum Wohle der Menschheit, aller Arten und des Planeten Erde, einsetzen.
Hierbei natürlich unter Berücksichtigung aller Faktoren und unter Hintanstellung unseres Egoismus. Was bedeutet, dass wir den Verstand nicht weiter für die doch schon zahlreichen, unsinnigen Nichtigkei-

ten unseres alltäglichen Lebens, also zum Beispiel der Erfindung eines weiteren, noch besseren, wiederum hochmoderneren Gerätes, um seinen Körper zu trainieren oder einer zusätzlichen Küchenmaschine verschwenden.

Weltbild

Jeder Mensch trägt sein Weltbild in sich. Dieses individuelle Bild der Welt, also wie ein einzelner Mensch sich die ganzen Zusammenhänge und Funktionsweisen in seinem Leben vorstellt, hat ein jeder mehr oder weniger bewusst oder unbewusst seit dem Tage seiner Geburt in sich aufgenommen.

Das Problem bei der ganzen Sache ist, dass wir alle Individuen sind und damit die Welt des Einen nicht absolut deckungsgleich mit der Welt, also der Vorstellung dieser Welt, des Anderen ist.

Was für manchen wie eine neue Nachricht klingen mag, ist für den anderen schon eine "alte Kamelle" und lässt sich somit an Hand einer logischen Kette doch relativ einfach begründen und damit auch nachvollziehen, selbst wenn der Verfasser gleichzeitig anmerken möchte, dass er der Logik nicht mehr das unumstößliche Primat zuerkennt, welches sie noch vor mehreren Jahren für ihn gehabt hat.

Die verschiedenartigen Welt- und Denkbilder entstehen dadurch, dass ein Kind in verschiedene geographische, soziologische, sozio-ökonomische und eine Vielzahl von anderen Strukturen hineingeboren wird.
Alle diese uns "zufällig" erscheinenden Faktoren, formen mehr oder weniger, neben den Erziehungsvorstellungen und -bemühungen der Eltern, der gesamten Familie und der sonstigen, restlichen Umwelt, an der sich entwickelnden Persönlichkeit des neuen Erdenbürgers mit und lassen ihn zu dem Individuum werden, der jeder Mensch letztendlich ist

oder es im optimalen Falle zumindest sein könnte.

Auf die Annahme von eventuell genetisch bedingten, relevanten Unterschieden bei der Entstehung von Welt- und Denkbildern wird der Verfasser später an einer anderen Stelle noch kurz eingehen, was aber hier noch keine weitere Berücksichtigung finden soll.

Zu diesem besagten erwachsenen Menschen mit seinem Weltbild gehören dann auch dessen grundlegenden Ansichten über die Vernunft, die Logik, die Wissenschaft, die Religion, die Wahrheit und natürlich noch einer Unmenge weiterer Gesichts- bzw. Ansichtspunkte.

Der für den Autor, gerade im Zusammenhang mit der Ausgangsthese - "Warum wir nicht lügen, selbst wenn wir es tun!" - besonders wichtige Punkt der Wahrheit, welche ja als das genaue Gegenteil der Lüge betrachtet oder als solches definiert wird, soll in einem folgenden, gesonderten Abschnitt behandelt werden, wobei auch die Begriffe Religion, Wissenschaft, Logik und Vernunft hierbei kurz angesprochen werden sollen.

Wahrheit

Die Wahrheit ist nach der Überzeugung der Mehrheit der Menschen angeblich sehr einfach zu definieren, was bei der vollkommenen, klaren Erkenntnis aller Fakten auch mit Sicherheit oder sogar wirklich der Fall sein dürfte.

Leider trifft dies bei uns Menschen aber nicht immer oder überhaupt nicht so zu, wie wir zum Beispiel anhand der Vielzahl von anstehenden Rechtsstreitigkeiten und Zeugenbeobachtungen, mit den sich anschließenden, widersprechenden Zeugenaussagen, zu Straftatsachverhalten unschwer erkennen könnten.

So kann man, den Gedanken logisch weitergedacht, annehmen, dass die Wahrheit doch etwas komplexer ist, als landläufig und im allgemeinen betrachtet, und damit auch das vermeintliche Spiel, oder wenn man es etwas theatralischer will der vermeintliche, ewige Kampf, zwischen dem was man dann die Wahrheit - identifiziert als das Gute - und dem was man die Lüge - identifiziert als das Böse - nennt.

Glaubt man der ein oder anderen Produktion aus den Studios im Filmmekka Hollywood, dann soll Pilatus bei der Befragung von Jesus Christus diesen hierbei unter anderem auch gefragt haben: "Was ist Wahrheit?".

Für viele Gläubige ist das wahr und damit die unverrückbare, unwandelbare Wahrheit, was ihre "heiligen Schriften" ihnen mitteilen und deren Vertreter, also die irgendwie gearteten "Kirchen" oder "Glaubensinstitutionen", ihnen sagen bzw. aus den Schriften interpretieren.

Da die Religionen im Grunde Sinnerklärer für die Menschen sind, ihnen also den letztendlichen Sinn ihrer Existenz erklären sollen oder wollen, bedarf es hierbei nicht eines beliebig oft wiederholbaren, logischen Beweises, wie in den uns bisher bekannten Wissenschaften, sondern es bedarf hier nur des Glaubens an den so genannten Gott/Schöpfer und der Ursprung der logischen Kette des Glaubens ist gegeben.

Ja, eine Forderung nach möglichen, logischen und somit eventuell stichhaltigen Beweisen, wird je nach Einstellung und noch bestehender Macht der Kirche, sogar als gegen Gott gewandtes Verhalten, um nicht zu sagen schweres Verbrechen, interpretiert und wird von daher innerhalb der Gläubigengruppe zumindest als störend empfunden und teilweise auch entsprechend streng sanktioniert.

Wieder andere, eine Unzahl von Andersgläubigen bzw. Andersdenkenden haben ihren Versuch der Sinnerklärung in "Ersatzreligionen" der unterschiedlichsten Formen, fern von den großen Religionen Christentum, Judentum, Islam, Buddhismus, Hinduismus und anderen gefunden.

Manche von den Un- oder Andersgläubigen haben sich jedoch keiner "obskuren" Glaubensvorstellung, als Reaktion auf das Unverständnis der allgemeinen Religionen, zugewandt, sondern fanden sich in den so genannten Wissenschaften und ihren logischen Erkenntnissen wieder.

12

Sie, das heißt die Wissenschaften, stellen für viele dieser betroffenen "Gläubigen" letztlich ihre Religion oder besser Ersatzreligion dar und befriedigen damit ein scheinbar tiefer sitzendes menschliches Grundbedürfnis.

Die Wissenschaften jedoch, sind nach eigener Definition keine Sinnerklärer für die menschliche Existenz, auch wenn viele sie dazu gemacht haben oder zumindest dazu machen wollten.

Die Wissenschaft versucht, insbesondere nach dem Einfluss von René Descartes (franz. Philosoph und Mathematiker, geb. 31.03.1596 und gest. 11.02.1650), analytisch vorzugehen und die in dem jeweiligen Wissenschaftsgebiet vorherrschende, zu dem jeweiligen Zeitpunkt bestehende wissenschaftliche Theorie, also ihr eigenes wissenschaftliches Weltbild, beständig zu bestätigen, zu widerlegen, zu erweitern und dadurch letzten Endes zu reinigen und zu vervollkommnen.

Die Vision vieler Wissenschaftler ist die Begründung einer, alle Wissenschaftsdisziplinen umfassenden Gesamttheorie, welche die bisher getrennten und sich in manchen Kreuzungspunkten widersprechenden Forschungszweige wieder oder doch eventuell enger zusammenführen würde und damit die aufgebrachte Forschungsgesamtenergie, im arbeitszeitlichen und auch kostenmäßigen Sinne, sehr viel mehr bündeln würde.

Diese effizientere Vorgehensweise würde den angenommenen Wissensfortschritt der Menschheit mit Sicherheit weiter beschleunigen und uns bei bzw.

vor zu erwartenden Katastrophen eventuell helfen oder sogar schützen.

Den großen Wissenschaftlern, Denkern und Theoretikern, der vergangenen als auch der heutigen Zeit, wurde im Rahmen ihrer vorgenommenen, meistens langjährigen Forschungsarbeit die "Nichtigkeit" der Spezies Mensch und ihrer Unwissenheit schon häufiger bewusst, was aber leider, von einzelnen Ausnahmen einmal abgesehen, nicht von ihren so genannten Anhänger immer gesagt werden kann.
Der Spruch, "Glaube heißt Nichtwissen!", mag hier symbolisch für eine zeitweise vorherrschende Denkweise stehen, in der man gegen die Religion und ihre Kirchen teilweise aktiv und relativ massiv zu Felde zog.

Leider reagierten die Kirchen oder genauer gesagt ihre Gläubigen/Anhänger nicht immer mit der notwendigen Gelassenheit, sodass es zu unnötigen größeren Kontroversen zwischen den verfeindeten Lagern kam.
Was man aber letztendlich feststellen kann, ist die Tatsache, dass der Mensch nichts weiß, von dem vermeintlichen Wissen innerhalb seines selbstgebastelten wissenschaftlichen Wirkungsrahmens einmal abgesehen, und eigentlich nur in der Lage ist, zu glauben.
Dies hat dann auch schon seine Ausprägung, als eine Art Gegenpol zu dem von René Descartes postulierten "Cogito ergo sum" - Ich denke, also bin ich -, in der Aussage "Cogito ergo credo" - Ich denke, also glaube ich - gefunden.

Das Fatale dabei ist, dass die Glaubensinstitutionen

14

den Bereich des Glaubens vollkommen für sich beansprucht haben und den meisten Menschen zu Glauben nur Kirche, Religion und Nichtwissen als Assoziationsbegriffe einfallen.

Das alle Facetten unserer Existenz vom Glauben bestimmt werden, wird nach Beendigung dieses Buches vielleicht der Leserin/dem Leser klar geworden sein.

Es ist wohl sehr gut nachvollziehbar, dass wir, solange wir nicht wissen, woher wir kommen, wohin wir gehen und weshalb, wir die Wahrheit nicht kennen und damit keinen genauen, festen und grundsätzlichen Bezugspunkt haben.

Ohne einen solch genauen Bezugspunkt aber, sind wir nichts weiter als Dahintreibende in Raum und Zeit, sofern diese scheinbar real existierenden Wirklichkeiten, denn auch letztendlich wahr sein sollten und nicht nur weitere Illusionen unseres Geistes.

Was hierbei auch von vielen manchmal scheinbar übersehen wird, ist die Tatsache, dass wenn etwas nicht definitiv als wahr erkannt werden kann, dies nicht automatisch nicht wahr ist.

Wissen und Erkenntnis bzw. deren Beweisbarkeit ist für uns auch im Kontext zur zeitlichen Schiene in unserem Leben zu sehen, was man am Beispiel eines Galileo Galilei und seinen zu guter Letzt widerrufenen, später dann von anderen bewiesenen und bestätigten, Aussagen sehr gut erkennen kann.

Wir sind nur Wahrheitssuchende, ob nun als Gläubige in einer Religionsgemeinschaft oder als Gläubige an die Wissenschaften, in welchen wir auch nur innerhalb eines selbst definierten Bezugssystems wiederholbare Beweise produzieren können.

Gott/der Schöpfer oder wie man dies sprachlich bezeichnen mag, sofern dieser in irgendeiner Form existent ist - und die Wahrscheinlichkeit spricht nach der Überzeugung des Verfassers eher dafür -, ist wohl der (Der/Die/Das) Einzige der die Wahrheit kennt oder diese sogar selbst ist, was ihn in die entsprechende Position bringt.

Auf jeden Fall stände es den Menschen gut an, wenn diese zusammen an der Lösung der sie bewegenden Urfragen, "Woher kommen wir?" und "Wohin gehen wir?", gemeinsam arbeiten würden, anstatt ihre Kräfte in sinnlosen Gemetzeln gegeneinander, zum Beispiel Wissenschaft gegen Religion oder sogar Religion gegen Religion - in dem Sinne, ich habe die richtige Religion - zu vergeuden.

Anstatt gegeneinander zu kämpfen, sollte man seine Kräfte auf die Gemeinsamkeiten in den verschiedenen Schriften lenken.

Betrachtet man sich diese nämlich etwas genauer, dann wird unabhängig voneinander darin letztlich immer zum Frieden, dem gegenseitigen Respekt, Achtung der Natur und einer letztendlich vernünftigen Grundeinstellung der Liebe aufgerufen.

Weshalb der Mensch, trotz allen Vorgebens seiner Gläubigkeit und der Hochpreisung seiner menschlichen Vernunft, gegen seinen Glauben und wider alle menschliche Vernunft dies noch nicht umgesetzt hat, sollte jeder sich selbst einmal fragen und am Ende auch für sich beantworten.

Außerdem ist die Vorstellung, dass Gott/der Schöpfer, von der profanen Annahme seiner körperlichen Existenz einmal abgesehen, so etwas wie die Religionszugehörigkeit bzw. das Vertreten eines bestimmten Glaubens als K.O. - Kriterium erachten würde, doch zumindest als etwas merkwürdig und seltsam zu betrachten.

Bin ich nicht Christ, Jude, Muslim usw., weil meine Eltern dies waren oder auch waren und ich in diesem Glauben, diesen Glaubensvorstellungen aufgezogen, also letzten Endes psychologisch in meinen Grundeinstellungen fast unausweichlich vorgeprägt und konditioniert wurde?

Logik

Die Logik wurde in einem der vorherigen Abschnitte kurz angeschnitten bzw. erwähnt und ist für viele Menschen etwas wie ein goldenes Kalb, was vielleicht auch an dem Sicherheitsbedürfnis des Menschen im Allgemeinen liegen mag.

Doch dieses Kalb hat nun auch, so merkwürdig dies jetzt klingen mag, seinen Pferdefuß. Denn was für den einen ohne jeden Zweifel logisch ist, muss für einen anderen nicht zwangsläufig auch immer logisch, schon gar nicht zweifelsfrei, sein und ist es in unserer Wirklichkeit auch nicht.

Das vermeintlich Zwingende der Logik trifft in einigen Bereichen der Wissenschaften, wie zum Beispiel der allgemeinen Mathematik, der Chemie, der Physik u.a. und den bekannten technischen Dingen des Alltags wohl zu und wird hier von den Menschen im allgemeinen akzeptiert, da man dort klaren Gesetzmäßigkeiten folgen muss und sich innerhalb eines genau definierten Rahmens bewegt.
Aber dies ist nicht immer gegeben und damit nicht immer allgemeingültig und vollkommen absolut, wie dies zum Beispiel die häufig benutze Redewendung, "Dies ist doch logisch.", impliziert.
So trifft es selbst oder gerade für die höheren Zweige dieser Wissenschaften schon nicht mehr zu bzw. nur bedingt zu.

Was ist es aber, was der Logik diese Vorherrschaft im allgemeinen Denken verschaffte?
Ist es vielleicht die Vorbildfunktion der großen Denker und Wissenschaftler, was die Menschen zu die-

ser Anerkennung der Logik brachte? Oder ist möglicherweise, wie vorher schon angedeutet, das Bedürfnis des Menschen nach Sicherheit einer der bestimmenden Faktoren hierfür, während sein Hang zur Vereinfachung und zur Faulheit denkbare weitere Faktoren sein könnten.

So spielt die Entwicklung unserer Gesellschaften in den vergangenen Jahrhunderten, mit der zunehmenden, da langsam und hier rasant verlaufenden schnellen Technisierung der Welt und dem damit einhergehenden Glauben an die Zählbarkeit, Berechenbarkeit und letztendlichen Machbarkeit von allem, auch eine natürlicherweise nicht unerhebliche Rolle.

Jeder der hier genannten und auch vielleicht nicht genannten, nun letztendlich möglichen Faktoren, sei deren Beitrag nun größer oder kleiner, dürfte seinen Teil zu dem enormen Stellenwert, welche die Logik in unserer heutigen Zeit und Gesellschaft genießt, beigetragen haben.

Logik erfüllt mit Sicherheit innerhalb bestimmter Grenzen sinnvolle Funktionen und sollte als gutes Hilfs- und Arbeitsmittel weiter genutzt werden, aber man sollte sie trotzdem nur als das sehen was sie ist, nämlich eine strukturierte Vorgehensweise um Gedanken in einem gewissen System einander zuzuordnen und nach bestimmten Regeln einer vernünftigen Vorgehensweise miteinander zu verknüpfen.

Kommt man an die Grenzen des Bezugssystems ist die Angelegenheit mit der Logik nicht mehr so einfach. Sie hilft zwar bei dieser Grenzberührung dann das bisherige gedankliche System stabil zu halben, aber es dauert doch einige Zeit bis die eventuell neuen Fakten in das bestehende Bezugssystem eingefügt werden können oder das Bezugssystem sich sogar eventuell verändern muss.

Eine Veränderung, sei dies nur eine zwangsläufige, einfache Erweiterung des bisherigen logischen Bezugsrahmens oder eine solche mit einer radikaleren Neubewertung aller bisher bekannten Faktoren und somit zum vollkommenen Umsturz einer bestehenden Theorie und der Neugeburt der nächsten Theorie führenden, bringt naturgemäß die Fachwelt und auch später vielleicht den interessierten wissenschaftlichen Beobachter zuerst aus seinem geliebten Gleichgewicht und der damit verbundenen Ruhe und gedachten Sicherheit.

Natürlich ist Logik auch eine mächtige Waffe, was ihren Stellenwert für den ein oder anderen gerade aus diesem Grunde sicherlich erhöht.
Besonders in unserer so betont logischen Welt, kann man mit ihr seine Positionen stärken und sie auch manches Mal einfach zur Verunsicherung unserer Gesprächspartner nutzen, auch wenn dies vielleicht nur mehr aus einem Spaß heraus erfolgt, als aus einer wirklichen Gegnerschaft.

So erinnere ich mich auch noch nach Jahrzehnten gut daran, dass ich bei den Besuchen von missionierenden Glaubensbrüdern und -schwestern von hier nicht näher zu benennenden Glaubensgemeinschaften häufiger auf das große Thema Wahrheit und die damit zusammenhängenden Fragen, "Was ist Wahrheit wirklich?" und „Ist der Mensch denn überhaupt wahrheits- und erkenntnisfähig?", zu sprechen kam.

Mit Hilfe der Logik entwarf ich, gleich einem Kind, ein Bild eines am Nordpol stehenden Menschen. Meinen Gedankengang strikte ich dann folgendermaßen weiter.
Würde sich dieser Mensch nun gedanklich, also innerhalb eines kleinen Zeitraumes wie zum Beispiel einer Sekunde oder eines Bruchteiles davon, an den Südpol begeben, müsste er doch eigentlich - aus dem Weltraum betrachtet - auf dem Kopf stehen und, was natürlich wesentlich wichtiger war, herunterfallen.
Mit dieser Aussage und den gleichzeitig darin enthaltenen Fragen konfrontierte ich meine Gesprächspartner und wartete einige Momente bis letztlich die zentrale Kernfrage von mir gestellt wurde. "Warum tut er es nicht?"

Da mich meistens etwas scheinbar erstaunte und ungläubige Menschen ansahen, fragte ich mich dann gedanklich immer direkt selbst - "Wie konntest du nur wieder eine so dumme und einfache Kinderfrage stellen? -.

Aber da man mir in den meisten Fällen, eigentlich bis auf ein einziges Mal nie, nicht mit einer präzisen, korrekten physikalischen Antwort oder zumindest einer einigermaßen plausibel klingenden Erklärung antwortete, die Gründe hierfür seien einmal dahingestellt, übernahm ich die Beantwortung der Frage zum Schluss auch selbst.
So informierte ich meine Gesprächspartner darüber, dass ja erst mit der Erkenntnis über die Funktionsweise der Gravitation und der Bildung einer Gra-

21

vitationstheorie mit dem Gravitationsgesetz die Sache gedanklich, logisch geklärt schiene und auch nachvollziehbar sei.

Wir "wissen" heute, weshalb der Mensch nicht herunterfällt. Er wird, nach der zurzeit gültigen Gravitationstheorie, durch die Gravitation zum Mittelpunkt des Planeten hingezogen und bleibt damit auf der entsprechenden Landmasse stehen.
Früher, als man noch glaubte die Erde sei eine Scheibe, waren die Menschen prinzipiell auch nicht dümmer, auch wenn wir dies in unserer heutigen Arroganz gerne annehmen und uns über den Gedanken, dass man am Ende der Welt über deren Rand hinunterfallen würde, gerne lustig machen.
Was fehlte, war auch hier der klare, nachvollziehbare Beweis und nachdem dieser erbracht worden war, wurde auch von allen schnell die dazu passende wissenschaftliche Theorie akzeptiert.

Jetzt, nachdem also eine Theorie stand, konnte man mittels einer logischen Kette argumentieren und das sich langsam steigernde Datenmaterial erhärtet in der Regel eine anfänglich neue Theorie, um sie im Laufe der Zeit zu modifizieren und weiter auszufeilen.

Der Bezug zu den "Missionaren" bestand darin, dass ich diesen die Relativität unseres Wissens, auch in Hinsicht auf die Schriften des "Alten und Neuen Testamentes" verdeutlichen wollte.

Deren Argumentation mittels einer "heiligen Schrift", welche ich leider nur als selektives Stückwerk des gesamten, bis heute vorliegenden Datenmaterials bezeichnen konnte, war und ist für meine Begriffe nicht korrekt.

Es ist dem Autor sowieso unverständlich, wie wenig die so genannten Gläubigen sich mit den jetzt schon bekannten Grundlagen ihrer "heiligen Schriften" auseinandersetzen und einfach ein vorliegendes Werk als das Non-Plus-Ulra, ja der Weisheit letzter Schluss betrachten und damit als die maßgebliche Meßlatte für alles anlegen.

Den beteiligten Glaubensinstitutionen spielt ein solches Verhalten ihrer gläubigen Schäfchen in die Hände, da es bestehende Machtstrukturen erhält und festigt.
Die Frage, die in diesem Zusammenhang darüber hinaus noch hier interessieren könnte, ist die, "Wie viele Daten, Dokumente und Fakten werden von den so genannten Hütern des Glaubens vor den Gläubigen verborgen und weshalb?".

Vielleicht sollte der Verfasser hierzu noch in späteren Abschnitten extra etwas darüber schreiben, da doch gerade dieses Thema uns der Wahrheit wirklich näher bringen würde.
Des Weiteren sind die "heiligen Schriften", egal aus welchem Erdteil der Welt, mit Sicherheit für alle Menschen schon als Lebensratgeberlektüre geeignet, da sie diesen bei ihrer aktuellen Lebensbewältigung, der angestrebten Selbstwerdung und Verbesserung ihres Menschseins hilfreich sein können.

Auch das häufig anzutreffende Denken, dass wir im Besitz der letztlich einzigen Wahrheit sind und unser Gott/der Schöpfer der einzig Richtige, zeigt schon wie dumm der Mensch doch ist und das er in seiner

Beschränktheit noch Gott/den Schöpfer auf ein solch niedriges Niveau herabzuziehen versucht.

Was wäre dies für ein Gott/Schöpfer, der seine Kinder im Süden des amerikanischen Kontinentes weniger lieben würde, als seine Kinder im Norden des gleichen Kontinents, in Europa oder in den asiatischen Gebieten?
Oder was wäre dies für ein Gott/Schöpfer der irgendjemand wegen seiner Hautfarbe oder des Geschlechtes bevorzugt?

Lüge

Die Lüge im Allgemeinen, sowie die Tätigkeit des Lügens, ist für viele Menschen, seien sie nun Mitglieder in einer Religionsgemeinschaft oder zu der Gruppe der angeblich Nichtgläubigen im herkömmlichen Sinne gehörig, etwas Abscheuliches.
Dics lässt sich auch sehr gut nachzuvollziehen, denn es kommt durch die Lüge bzw. die praktizierte Lüge zu einem nicht unerheblichen Vertrauensbruch und damit zu einem Vertrauensverlust innerhalb der jeweiligen Gemeinschaft.

Für den Menschen als soziales Wesen ist die Gemeinschaft oder einfach die Gruppe, ihr Zusammenhalt und deren Unverbrüchlichkeit aber sehr wichtig, ja sogar überlebenswichtig.
Eine Lüge, also eine offensichtliche Aussage welche nicht der bekannten, allgemein angenommen Wahrheit entspricht, wird daher unbewusst als indirekte Abgrenzung von der Gruppe bewertet und in den verschiedensten Fällen auch mehr oder weniger entsprechend streng "bestraft".

"Du sollst nicht lügen!", heißt nach der allgemeinen Annahme vieler Menschen, zumindest denen die dem jüdischen oder christlichen Glauben anhängen, das "Achte" von den "Zehn Geboten" Gottes, welche für viele das Grundgesetz des Lebens oder mindestens ihres Lebens darstellen.
Hier haben wir aber schon wieder eine der allbekannten Lebensungenauigkeiten mit denen man sich sehr häufig herumzuschlagen hat, denn das "Achte Gebot" lautet: "Du sollst kein falsches Zeugnis von dir geben wider deinen Nächsten!".

Während die Aussage, "Du sollst nicht lügen!", eine genaue Erkenntnis der Wahrheit impliziert, wir also so tun als ob wir im Besitz der vollständigen Erkenntnis über die Wahrheit wären, was der Verfasser für ein Wunschdenken auf Grund der menschlichen Hybris hält, ergibt die genaue Darlegung des "Achten Gebotes" ein etwas differenzierteres Bild.

"Du sollst kein falsches Zeugnis von dir geben wider deinen Nächsten!", schränkt die ganze Angelegenheit hier schon auf etwas Wesentliches ein.
Denn hier wird vollkommen klar, dass der Mensch nur "kein falsches Zeugnis von sich (dir)", also wie er die Realität wahrgenommen, empfunden und interpretiert hat, "wider seinen Nächsten" geben soll.
Es wird hier somit kein Anspruch auf die Wahrheit und deren Absolutheit postuliert, man könnte vielleicht sogar sagen aus einer höheren, überlegenen Einsicht in die Dinge und in die Erkenntnis der Unfähigkeit des Menschen auf deren vollständige Erfassung.

Wie unter dem Abschnitt "Wahrheit" schon angesprochen, ist der Mensch als Produkt seiner genetischen Disposition und seiner Umwelt ein Individuum.
Unglücklicherweise ein stärker mit Mängeln behaftetes, als es sich dieses Lebewesen in der Regel selbst eingestehen will.
Ja, es sieht sich sogar als "Krone der Schöpfung" und leitet daher einen Führungsanspruch, sowie auch eine Unmenge damit verbundener, selbst zugeschriebener Rechte ab.

Ein Individuum, welches die scheinbar gleichen

Fakten trotzdem unterschiedlich bewerten kann und damit in der Folge zu abweichenden Ergebnissen kommen bzw. gelangen könnte.

So wurde der Begriff der Wahrheit schon wegen seiner Vielschichtigkeit in die vermeintliche "objektive Wahrheit" und die sprachlich zumindest differenzierte "subjektive Wahrheit" unterteilt.

Zur Verdeutlichung denke man einfach einmal an die sich scheinbar widersprechenden Zeugenaussagen bei einem identischen Geschehen, wobei die Annahme eines solchen Geschehens schon an und für sich eine nicht unbedingt zulässige Simplifizierung darstellt oder zumindest eingeschränkt darstellen könnte.

Die objektive Wahrheit wäre zum Beispiel dann der Verkehrsunfall oder der Banküberfall, sowie die einzelnen Hergangs- und Tatablaufschilderungen der Zeugen als die jeweiligen subjektiven Wahrheiten anzusehen sind.

Wer jemals das Vergnügen hatte einer längeren Gerichtsverhandlung beizuwohnen und dieses ganze Wirrwarr live erleben durfte, weiß was der Verfasser meint.

Lügen nun verschiedene Zeugen, gerade wenn sich die Aussagen von ihnen sehr stark zu widersprechen scheinen?

Von dem Prozentsatz, welcher letztlich aus den verschiedensten Gründen eine bewusste Falschaussage macht, einmal abgesehen, kann man davon ausgehen, dass der "normale Zeuge" seine "wahrheitsgemäße" Aussage macht, zumal wenn er keinen

Vor- oder Nachteil davon zu erwarten hätte, also mit der Angelegenheit prinzipiell überhaupt nichts zu tun hat.

Trotzdem kommt es hier zu Widersprüchlichkeiten und Ungereimtheiten, die die Wahrheitsfindung bei den Gerichten nicht gerade erleichtert und die Angelegenheiten bei den entsprechenden Instanzen häufig unnötig in die Länge ziehen.

Weiter kommen natürlich die verfolgten Einzelinteressen der beteiligten Parteien hier zum Tragen, welche zu einer bewussten, taktischen und gewollten Verzerrung der Wahrheit, sowie einer Fehlleitung bei der Wahrheitsfindung beitragen und diese vielleicht zur Gänze verhindern sollen.

Was sind aber die Gründe hierfür?

Die Anzahl der Gründe für die nicht genaue, korrekte, also objektive, immer gleiche Wiedergabe der Wahrheit, wie dies zum Beispiel bei einer Videokamera der Fall wäre, liegt in der Natur des Menschen. Wir sitzen theoretisch betrachtet auf unserem ganz persönlichen Lebensstuhl, welcher letztendlich die Gesamtheit unserer gedanklichen und glaubensmässigen Grundüberzeugungen darstellt, und betrachten von dort die "Wahrheit" oder zumindest das was wir dafür halten.

Entsprechend unserem jeweiligen Wertesystem interpretieren wir die eingehenden Daten und speichern die sich ergebenden Eindrücke wiederum in unserem persönlichen Archiv ab.

Hierbei ist für viele zwar zu verstehen, dass somit jeder eine persönliche Betrachtung hat, also die subjektive Wahrheit des Einzelnen zu realisieren, aber der nächste Schritt ist für die Mehrheit der Menschen nicht so leicht zu bewältigen.

Bei diesem Schritt geht es darum, dass man sich, geht man jetzt einfach einmal von der minimalen Anforderung aus, nur folgender Tatsache bewusst zu werden versucht.
Man sitzt also auf seinem persönlichen Stuhl und betrachtet die Wahrheit, in diesem Falle zum Beispiel eine einfache normale Kaffeetasse.
Diese sehe ich nun auf Grund meines Stuhles, also der mir eigenen Sitz- und Beobachtungsposition, als die Seite eines zylindrischen Körpers, mit den entsprechenden Verzierungen und Ausmalungen.
Jemand anders, mein gedankliches Gegenüber, betrachtet den gleichen Gegenstand, die Wahrheit, halt von der anderen - gegenüberliegenden - Seite und hat einen möglichen, wahrscheinlichen bzw. vollkommen unterschiedlichen Eindruck oder kann einen solchen haben.
Sieht mein Gegenüber nun bei der Betrachtung noch den Henkel, so wird seine Beschreibung der Wahrheit zumindest etwas von der meinigen abweichen.
Solche Abweichungen nehmen naturgemäß mit der Komplexität der Sache oder des Themas überproportional zu.

Hier kommt für viele nun ein so genanntes Ausschlussprinzip zum Tragen, gerade wenn es sich hierbei um vermeintlich diametrale Aussagen handelt.

Nach diesem Ausschlussprinzip heißt es dann, meine Wahrheit ist die Richtige und was du mir erzählst stimmt nicht bzw. kann nicht stimmen, da ich ja das Richtige erfasst habe.

Die Vorstellung, dass meine Sicht nur ein Teilaspekt der Wahrheit ist können viele zwar gedanklich noch bejahen, aber das sie dann sagen, OK ich nehme deine Wahrheit als weiteren zusätzlichen Erkenntnisaspekt an und wie in einem Puzzle füge ich diesen meinem Teilbild zu, schaffen leider nicht alle Menschen.

Dies ist aber vielleicht der entscheidende Punkt, welcher uns Menschen seit Jahrhunderten, um nicht zu sagen Jahrtausenden, nicht zu dem Frieden kommen lässt, den wir uns angeblich alle wünschen.

Weshalb fällt es uns aber so schwer, auch wenn wir gedanklich, intellektuell und logisch das System verstehen oder vorgeben es zu tun, dieses in der Praxis umzusetzen?

Ist dies ein Teil unserer naturgegebenen Überlebensfunktionen aus alter Zeit oder einfach nur unsere, dies muss man auch einmal zur Kenntnis nehmen, "gottgegebene" Dummheit?

Des Rätsels Lösung dürfte wie so oft im Leben in der Mitte liegen oder sich sonst irgendwo dazwischen befinden.

Sicher spielt die Evolution und die Verbesserung unserer Überlebenschancen als Individuum und auch als Art hier sicher eine Rolle, aber auch unsere eigene Dummheit ist hier, wahrscheinlich mit dem größten prozentualen Anteil von allen Faktoren, mit am Werk.

Wir wollen oder können es vielleicht auch letztendlich nicht akzeptieren, dass unsere Sicht der Welt nicht die Richtige, die Beste und damit die zu verwirklichende, manchmal mittels brutaler physischer, psychologischer oder monetärer Gewalt, durchzusetzende ist.

Hier streckt uns glücklicherweise die Wissenschaft mit ihren verschiedensten Fachdisziplinen ihre Hand hilfreich entgegen und wir können uns die stattfindenden und gefundenen Vorgänge, welche zu einem solchen Verhalten führen, etwas erklären oder zumindest zu erklären versuchen.

Aus biologischer Sicht und mit Hilfe der Evolutionstheorie könnte man, wie bereits oben erwähnt, die eventuelle Überlebensfunktion für das Individuum und die Art für das Festhalten an der eigenen Sichtweise anführen.
Weiter wäre auch zu bemerken, dass ein Tier ein wohl mehr oder weniger festes Programm in seinem Kopf trägt, während der Mensch neben diesem festen Überlebensprogramm auch noch eine Menge freier Ressourcen hat, was ihn halt zu der bisher anscheinend überlegenen Art macht.

Doch inwieweit die Möglichkeit des Dazulernens nicht doch in bestimmter Art und Weise, durch die genetische Programmierung und bestimmte hormonelle Funktionsweisen, eingeschränkt oder mitbestimmt sein könnte bzw. an der Einstellung "Ich habe Recht!" in der zurzeit bestehenden Form schuld sein sollte, bedarf mit Sicherheit noch der weiteren detaillierten, wissenschaftlichen Klärung.

Die psychologische Sichtweise dürfte uns von den Anfängen des "ES", zum "ÜBER-ICH" und dem sich zwischen diesen Polen bildenden "ICH" führen.

Hierbei spielt mit Sicherheit, die gerade in den Anfängen des Lebens sehr wichtige Stabilisierung des nun noch fragilen "ICH´s" eine große Rolle.

So lernt das heranwachsende Kind, dass es wichtig ist seinen Standpunkt mit den ihm zur Verfügung stehenden und bereits erlernten Mitteln zu behaupten, nicht einfach nachzugeben und eventuell letztlich siegreich aus der „Schlacht" hervor zu gehen.

Dieser positive Punkt der Ich-Stabilisierung und auch Ich-Abgrenzung trägt aber leider auch den negativen Samen der Zerstörung in sich.

Obwohl nicht direkt erkennbar, hat das Kind neben der Tatsache sich "durchzusetzen", auch gelernt, dass sich "durchsetzen" und "recht haben" sich gut anfühlen und positive Gefühle bei ihm erzeugen.

An dieser Stelle hat aber die Sache oder das System seine Crux oder kann diese mit einer gewissen Wahrscheinlichkeit haben, denn diese positiven Gefühle will das Gehirn sicher gerne wieder erleben, was zum mehr oder weniger starren Festhalten an dem Erlernten Verhalten führt.

Solche Erfahrungen hat man durch drogenabhängige Menschen gemacht, bei denen prinzipiell das gleiche Schema zum tragen kommt. Eine Flasche Alkohol, ein Joint oder was auch immer als die Droge benutzt wird erzeugt Glücksgefühle und das Belohnungssystem des Menschen wird aktiviert.

In der Folge verlangt es mehr und wird dieser Bedarf immer gedeckt, steigt auch die Forderung des Systems für den gleichen Glückseffekt. So ist man nun im Laufe der Zeit abhängig geworden, denn eine Verweigerung des vom System gewünschten ruft Entzugserscheinungen der verschiedensten Art und Stärke hervor.

Die Zahl der Süchte und damit der Suchtabhängigen aus den verschiedensten Bereichen steigt leider immer mehr, auch wenn viele unter Sucht nur die Sucht nach den bekannten harten Drogen oder Alkohol verstehen.
Leider werden nicht direkt ins Auge fallende Süchte, wie zum Beispiel die Nikotinsucht, die Sexsucht, die Karrieresucht, die Internetsucht u. v. m. von den meisten Menschen einfach übersehen, ob nun unbewusst oder bewusst.

Damit mögen uns der Entschuldigungen nun genug gegeben sein, was uns aber zu guter Letzt nicht entlastet.
Wir sollten uns stattdessen fragen, weshalb wir doch alle diese Dinge tolerieren? Ist es wirklich unsere allgegenwärtige Dummheit oder ist es letzlich unsere körperlich-geistige Trägheit, welche uns zu dem Sklaven unserer modernen, vielgeliebten und vergötterten Konsumgesellschaft macht?

Lieber tragen wir das verlogene Selbstbild von uns und das Bild einer supergut funktionierenden Gesellschaft in uns, was durch die mächtige Industrie, die Medien und deren Helfershelfer noch gefördert wird, als das wir uns der eigenen Wahrheit stellen.

Wie hieß es doch bei dem Orakel von Delphi? „Erkenne Dich selbst!" und darin liegt nach Meinung

33

des Autors der Schlüssel zum Leben.

Wir belügen, sofern man anhand des vorher schon gesagten überhaupt davon ausgehen kann, uns also in unserem Leben mehr oder weniger beständig selbst und spielen uns, sowie den anderen, dauernd unsere Rollen vor.

Das dabei Betrübliche ist, dass wir immer von einer besseren Welt träumen und verbal auch beständig daran arbeiten oder zu arbeiten scheinen, aber wie wir alle wissen, zählt nur die Tat und nicht was jemand vielleicht gewollt oder erzählt hat.

Informationsaufnahme, Informationsverarbeitung und Informationsinterpretation

Aus dem Bereich der Computertechnik ist vielen die Informationsverarbeitung ein geläufiger Begriff. Es ist für die meisten Menschen, dies müssen noch nicht einmal computerbegeisterte Freaks sein, erstaunlich, was die heutigen Maschinen der diversen Computerhersteller zu leisten im Stande sind.

Leider wird hierbei allzu oft vergessen, über welches Hochleistungssystem der Mensch, mit seinem Gehirn, verfügt. Dagegen macht sich der beste, zurzeit existierende Hochleistungscomputer wie eine alberne Steintafel aus.

Doch bevor wir jetzt zur Informationsverarbeitung gehen, wollen wir zuerst den Punkt der Informationsaufnahme ansprechen, obwohl natürlich klar sein dürfte, dass die verschiedenen Bereiche fließend ineinander übergehen und diese Übergänge selbst, wie in einem Nebel zu verschwimmen scheinen.

Informationsaufnahme hört sich für den Otto-Normal-Verbraucher ganz einfach an und er fragt sich, was es dabei schon besonderes geben soll.

Der Mensch sieht, er hört, er riecht, er tastet/fühlt und er schmeckt, was soll hier für ein Problem bestehen?

Tja, vielleicht ist die scheinbare problemlose Aufnahme genau das Problem oder besser, dass wir aufgrund ihrer Selbstverständlichkeit für uns und deren ablaufenden Schnelligkeit, diese nicht mehr bewusst wahrnehmen.

Der Mensch nimmt über seine Sensoren Augen, Ohren, Nase, Haut und seine Zunge alle möglichen Informationen aus seiner Umwelt auf und leitet diese weiter.

Dies bedeutet, dass die Sensoren, sofern diese gesund sind und als solche dann einwandfrei funktionieren, die von außen empfangene Informationen als den entsprechenden Reiz bzw. die Reize zu den bereitgestellten Nervenbahnen weiterleiten werden.

Dieser Transport von den empfangenden Sensoren über die Nervenbahnen ist als Vorstufe der Informationsverarbeitung zu betrachten. Dies ist deshalb der Fall, da die Informationen, von einem gesunden und vollkommen intakten Gehirn ausgehend, direkt in bestimmte, genau zugeteilte und abgegrenzte Gehirnareale transportiert werden.

Die Neurowissenschaften haben an Hand von Teilausfällen des Gehirns bzw. bestimmter Gehirnbereiche schon eine relativ genaue Karte des Gehirns entworfen und dies kommt naturgemäß vielen Patienten mit Gehirnverletzungen, gerade bei den sich nach den Verletzungen später anschließenden Rehabilitationsmaßnahmen, sehr zugute.

Die Informationsverarbeitung umfasst also den Bereich nach dem Empfang durch den jeweiligen Sensor, den Transport über die Nervenbahnen bis in die jeweiligen, zuständigen Gehirnbereiche und im eigentlichen Sinne auch die darauf folgende Interpretation der gesammelten Daten.

Über die genaue Vorgehensweise hierbei, also die Umsetzung der wahrgenommenen Information in die kleinsten elektrischen Impulse, deren Weiterleitung in den Nervenbahnen, die Rolle der Synapsen und die der Neurotransmitter usw., wird der Autor hier nicht weiter eingehen, da dies in diesem Zusammenhang etwas vom eigentlichen Thema wegführen würde.

Fakt ist nun, dass die Reize ankommen und dort auf die vorhandenen Denkstrukturen treffen. Hier werden diese "Daten" dann entsprechend interpretiert und archiviert.
Wieder einmal klingt es so einfach und wird doch von uns nur zum Teil bewusst wahrgenommen, dieser erstaunliche Vorgang des Denkens. Er ist eine immense und beständige Schwerstarbeit für das System Mensch.
Damit würde sich auch, die doch häufiger bei dem einen oder anderen Zeitgenossen anzutreffende Unlust, zur Ausübung dieser Tätigkeit bzw. Arbeit vielleicht teilweise oder sogar ganz erklären.

Doch die im Allgemeinen vernachlässigten Punkte einer Fehlerentstehung bei diesen Vorgängen der Informationsaufnahme, -verarbeitung und -interpretation sollen hier angemessen gewürdigt werden, da gerade diese in Bezug auf die Begriffe "Wahrheit" und "Lüge" natürlich relevant sind.

Nicht nur, dass bei den Sensoren Fehler, manches Mal auch unbekannter Art, auftreten können, welche schon zu einer objektiven Fehlwahrnehmung führen, ist es gerade die Informationsinterpretation als Teil der Informationsverarbeitung, welche hier besonders interessant erscheint.

Für viele Menschen ist zum Beispiel die Farbe „Rot"

eine klare Angelegenheit und sie kämen nicht einmal im Traum auf die Idee darüber nachzudenken, dass dieses "Rot" für den Nachbarn etwas anderes sein oder bedeuten könnte.

Diese klare Angelegenheit ist physikalisch-chemisch bei den gleichen, vorliegenden Rahmenbedingungen auch eine wirklich klare Sache und der Fall.
Also unter der obigen Voraussetzung, wie zum Beispiel gleiches Licht, gleiche Temperatur usw., würden zwei technische Messinstrumente die gleichen Ergebnisse liefern oder sollten es zumindest.
Anders sieht die Sache aber bei der Spezies Mensch bzw. einem Menschen aus, welcher wie in einem anderen Absatz schon erwähnt ein Individuum ist.
Als solches ist keines der Messgeräte "Mensch" vollkommen gleich mit einem anderen, auch wenn eineiige Zwillinge hier schon sehr nahe beieinander liegen, und dürfte, wenn auch nur in einem vielleicht minimalen Bereich von den anderen Messgeräten "Mensch" abweichen.

Überlegt man sich jetzt einmal das in anderen Teilen schon gesagte, also dass wir ja in unserem Leben von unseren gesamten Erfahrungen - Elternhaus, Schule, Freunde, u. v. m. - geprägt werden und das alle Dinge eine Unzahl von Interdependenzen aufweisen, können wir mehr als nur stark annehmen, dass das "Rot" des Menschen A nicht mit dem "Rot" des Menschen B identisch ist. Wie Mensch A "Rot" bewertet, wird etwas anderes sein, wie dies Mensch B tut.

Das heißt in der Folge, wir begegnen anderen Menschen zwar in Form unserer Sprache und sprechen die vermeintlich gleichen Wörter oder glauben dies zumindest, aber wir treffen uns doch höchstens in den so genannten Schnittmengen unseres Denkens. So sehen wir letztlich nicht nur mit unseren Augen, hören nicht nur mit unseren Ohren etc., sondern tun dies vor allen Dingen mit unserem Gehirn, welches sich in seinen Denk- und Weltbildern, doch von jedem anderen unterscheidet

Gehen wir nun noch einen Schritt weiter und nehmen uns der Aussage der Hirnforschung an, dass der heutige Mensch zirka 10 % seines Gehirnpotenzials bewusst nutzt. Damit wären im Umkehrschluss zirka 90 % des Gehirns im positiven Falle für eine unbewusste Nutzung offen bzw. würden eventuell für diese genutzt.

Bedenkt man jetzt, dass über das Gehirn alle autonomen Systeme, wie zum Beispiel das Herz-Kreislauf-System oder das Immunsystem u. v. m., gesteuert werden, dann kann dies schon gut sein. Eine neuerliche wissenschaftliche Erkenntnis mag aber hier noch von fundamentalerer Bedeutung sein und könnte uns in unserem Selbstbild vielleicht etwas "verletzen".

Dies ist nämlich die Tatsache, dass der Mensch viel mehr Informationen, als die welche er bewusst aufnimmt und verarbeitet, in jedem Augenblick des Tages aufnimmt. Wenn er diese schon nicht bewusst aufnimmt, dann dürfte er sie also unbewusst aufnehmen und diese dann auch unbewusst verarbeiten. Somit wäre also ein weiterer Punkt gegeben, welcher die 90 % der unbewussten Nutzung erklären würde.

Doch es tritt hierbei nun ein Problem auf, denn wir Menschen geben nun sehr viel auf unser Bewusstsein und unsere bewussten Entscheidungen. Gerade wir Männer sind hiervon besonders betroffen.

Wird nun die geringere Anzahl an Informationen überhaupt bewusst und die Masse der Informationen unbewusst erfasst und verarbeitet, dann stellen sich doch für uns einige Fragen oder sollten sich eventuell stellen.

"Wie sieht es mit unserer bewussten Entscheidungsfähigkeit aus?", "Sind wir überhaupt in der Position wirklich eigene Entscheidungen zu treffen?" und darüber hinaus, "Wie sieht es mit der vielgeliebten Entscheidungsfreiheit aus?".

Diese Fragen sind berechtigt und kratzen natürlich etwas an unserem Selbstbild und Selbstbewusstsein, aber man sollte den Tatsachen, wenn sich diese letztlich als solche so herausstellen, einfach ins Auge sehen.

Werden nun unsere Entscheidungen durch die unbewussten, vielfältigen und zahlreicheren Informationen vorbereitet, so treffen wir sie doch zum Schluss. Egal, ob nun unbewusst schon soweit vorbereitet oder nicht, so bleiben es doch unsere Entscheidungen, welche wir dann später vielleicht noch etwas rationalisiert als unsere bewusste Entscheidung präsentieren und auch im Leben vertreten müssen.

Funktionen der Lüge

Die Funktionen der Lüge, sofern wir von der Existenz einer solchen nun einfachheitshalber einmal ausgehen sollten, sind vielfältig und vielschichtig. Es beginnt als erstes mit ihrem scheinbaren Nutzen in unserem täglichen Leben.

Hier kennen wir sie alle unter den verschiedensten, in der Regel ihre Negativität verharmlosende Namen, sei es als Notlüge, einfache Wahrheitsfortlassung, als Kompliment und den anderen unzähligen Begriffen.

Der Sinn und Nutzen dieser "Lügen" liegt für uns in erster Linie darin, dass wir unser Selbstbildnis in seiner angeblichen positiven Form erhalten und uns damit selbst annehmen und auch lieben können.

Wir belügen uns also in dieser Darstellungsform lieber selbst und sind nach eigenem Dafürhalten schön, gut, gerecht, hilfsbereit und die weitere ganze Palette der sonstigen positiven Attribute, ohne die Wahrheit zu erkennen bzw. diese zur Kenntnis nehmen zu wollen.

Ja, wir sind sogar bereit, gute Ratschläge und die Hilfe von außen - uns liebenden Familienmitgliedern oder wirklichen Freunden - abzublocken, damit ja nicht unser vermeintlich schönes Selbstbild Schaden leidet.

Ein schönes und praktisches Beispiel hierfür, die Leserinnen mögen es mir verzeihen, ist unter anderem die Bekleidungsbranche und deren Ausnutzung dieses Faktors im Bereich der Damenbekleidung.

Hier werden doch häufiger etwas zu enge, teilweise schon fast an die Grenzen der Folter gehende Bekleidungsstücke an Kundinnen verkauft.

Wäre mancher hier nicht nur so profitorientiert und hätten die Käuferinnen ihr Selbstbildnis durch den eigenen Selbstbelügungmechanismus nicht so stark verzerrt, käme es wohl sehr selten zu solchen Käufen, welche sich die Angehörigen des männlichen Geschlechts auch dann noch ansehen dürfen.

Es ist aber nicht nur das innere, eigene Bildnis von uns, welches wir durch unsere "Selbstbelügung" erhalten wollen, sondern es ist auch unser Weltbild, unsere Position darin, die Rolle in der sozialen Gruppe usw., also letztlich der ganze fragile Lebensrahmen, sei uns dieser nun bewusst oder wir uns dessen nicht bewusst, welchen wir durch die Funktion der "Lüge" in unserem eigenen Leben stützen wollen.

So knüpfe ich an das im vorherigen Absatz gesagte an und führe das Beispiel weiter. Die Frau, Freundin, Dame des Herzens oder wie man es auch immer beschreiben will, kommt also von ihrem Einkauf nach Hause und präsentiert nun mit einem gewissen Stolz ihr neu erworbenes Bekleidungsstück, welches vielleicht einen Tick oder sogar zwei Ticks zu eng sein könnte und fragt nach, wie es ihr steht.

Als Mann hat man in einer solchen Situation wohl in den wenigsten Fällen eine Chance und so hilft man (Mann) sich, dies mag jeder nun einordnen und benennen wie er möchte, damit, dass er zum Beispiel sagen könnte, "Schatz, dir steht einfach alles!".

Dies offenbart eine weitere Funktion der „Lüge"

und somit können wir die bisherigen folgenden Funktionen der "Lüge" für das Individuum als festgestellt betrachten.

Dies sind:

a) die Erhaltung des Selbstbildnis

b) die Stabilisierung des Weltbildes und Lebensrahmens

c) die Festigung von sozialen Bindungen bzw. die Bewahrung vor deren Verlust

d) ...

Mit Sicherheit ließe sich die obige kleine Aufzählung noch problemlos verlängern, ohne hierbei zu sehr in die Tiefen der Psychologie einzutauchen, aber es mag für unsere Zwecke hier genügen.

Neben dem funktionalen Sinn und Zweck der "Lüge" für das Individuum in seinem engeren Umkreis, möchte der Autor noch auf die Funktion der "Lüge" in der Gesellschaft, oder man sollte hier vielleicht besser von der konstruierten gesellschaftlichen Wirklichkeit sprechen, und dem Staat eingehen.

Wie die "Lüge", sofern es denn so etwas gibt bzw. für uns erkennbar existiert, ihre Aufgabe im kleinen für den einzelnen Menschen erfüllt oder erfüllen kann, tut sie dies auch in einem größeren und damit eventuell auch letztendlich vielleicht verheerenden

Maßstab in der Gesellschaft und einem Staatswesen.

Auch wenn in den Ausführungen über die "Lüge" für den einzelnen Menschen noch die vordergründig etwas positiveren Aspekte angesprochen und die negativen nicht glasklar geschildert wurden, sollte man sich über die Folgen dieses Tuns keine Illusionen machen.

Betrachtet man nun unsere Gesellschaft mit ihrer freiheitlich-demokratischen Grundordnung, welche bei den zur Verfügung stehenden Auswahlmöglichkeiten noch das kleinste Übel darstellt, aber etwas genauer, dann muss man einfach konstatieren, dass dies im Grunde genommen ein einziges "Lügengebäude" ist.
Aber da alle mitmachen, es keine wirkliche Alternative zu geben scheint und auch die Menschen scheinbar mehr oder weniger glücklich sind, kann man wohl sonst nicht viel dazu sagen, außer das jedes Volk die Regierungsform und damit die Regierung erhält, die es verdient.

Da gibt es in der Gesellschaft einmal die „Oberen", dann die "Mittleren" und natürlich die "Unteren".
Wie schon vor hunderten von Jahren hat sich das Prinzip "Ober schlägt Unter" nicht in Wirklichkeit geändert. Sicher, die scharfen Kanten sind im Laufe der Geschichte etwas abgeschliffen worden und wir haben ja die Gesetze auf die wir so stolz sind, aber das Prinzip ist immer noch intakt.
Inwieweit auch das Rechtssystem nicht letztendlich doch ein Rechtssystem des finanziell stärkeren ist, mag man an Hand der vielen verschleppten Prozesse sehen, bei denen häufig die nicht so begüterten auf

44

der Strecke bleiben.

Auch die Tatsache, dass im Gegensatz zu früher jetzt nicht einer einfach zu den "Oberen" aufgrund seiner Geburt zählt, sondern auch jemand durch seine vermeintliche Leistung dahin kommen kann, ist vielfach nur Augenwischerei.
Die altbekannte Geschichte "Vom Tellerwäscher zum Millionär" ist hier als das größte Märchen der Neuzeit anzusehen. Aber wie alle Märchen vorher, hat auch dieses seinen wahren Kern und auch innerhalb der Gesellschaft seine Funktion erfüllt bzw. seine Funktion zu erfüllen.
Nährte und nährt es doch immer noch den Glauben an die Chancengleichheit zwischen "Unteren" (Armen) und "Oberen" (Reichen), was sicherlich auch zur Befriedung der Gesellschaft bis heute beitrug.
Die wirklichen Nutzer hiervon waren aber dann doch die, die schon oben saßen und deren Strukturen sich nicht verändern mussten bzw. es nicht sollten.
Also sie waren damit weiterhin oben - auf der so genannten Sonnenseite des Lebens - und die anderen waren irgendwo da unten.

Das Geld als Schmiermittel in der Gesellschaft hielt und hält auch zurzeit alles am Laufen und schaffte es sogar, dass Menschen es als Maßstab für ihr Menschsein akzeptierten.
Die Aussage, "Ich habe Geld, also bin ich jemand!", leitet auch heute noch viele Menschen, was an und für sich schon traurig genug sein sollte, und die Industrie, speziell natürlich die Werbeindustrie, hält diesen Zug weiterhin, aufgrund der Eigeninteressen, unter Dampf, getreu dem Motto, „Der Schornstein

muss ja rauchen!".

So wird dem Menschen gesagt was er braucht, um schön, anziehend, erfolgreich u. v. m. zu sein, und diese Dinge hat man dann natürlich zu einem günstigen Preis auch direkt bei der Hand.

Diese anfänglich auf die Bedürfnisbefriedigung der Menschen, welche nach Zeiten des Mangels als segensreich angesehen werden kann, ausgelegte Produktion von Gütern, wechselte nach der Erstbedarfsdeckung in eine Pseudobedarfsdeckung.
Aus einer notwendigen Produktion wurde eine Konsumproduktion, deren Ziel einer Bedarfsdeckung erst mit der psychologischen Erschaffung/Erweckung des angeblichen Bedarfes bei dem Individuum Mensch entstand und damit erst ihren eigentlich logischen Gegenpol fand.

So etwas widerspricht jedoch jedem Naturgesetz, dass Dinge die nicht benötigt werden entstehen und auch der Hersteller eines Produktes produziert nur bei einem realistischen Bedarf. Aber hier hat man mittels der "Lüge" den Bedarf psychologisch erzeugt, welchen man nun mit allen Mühen deckt und der gleichzeitig das beliebte Schmiermittel produziert.

Dies hat aber nicht nur für den Hauptnutznießer, den Firmeninhaber oder Vorstand, Vorteile, sondern auch für die Beschäftigten und auch die politisch Verantwortlichen.
Damit wäre auch erklärbar, warum niemand einmal an die Modifikation des bestehenden Systems denkt oder zumindest einfach einmal einige Äußerungen

46

dazu verlauten lässt, wie unsinnig dieses Verhalten geworden ist.

Hierbei belügt sich die Gesellschaft selbst, denn sie denkt ja nicht über den Sinn ihres Verhaltens nach und läuft einfach auf den alten Gleisen weiter nach vorne.
Ohne sich über die Konsequenzen ihres Tuns und mögliche eventuelle Alternativen großartig Gedanken zu machen, geht es einfach weiter auf den Abgrund zu.

Ach, was lieben wir doch unsere Kinder und Enkelkinder. Wie putzig sind sie anzuschauen, aber daraufhin unsere beständige Konsum- und Genusshaltung einmal zu überdenken, sich klar zu werden, dass die Rohstoffressourcen , die Trinkwasservorräte, die Anzahl der Bäume, die Reinheit der Luft dieser Erde u. v. m. auch nur endliche Faktoren sind, ist für uns scheinbar nicht zu schaffen und wir bekommen unser vielgeliebtes Hinterteil nicht hoch.

Es hilft nichts sich zu belügen, hierbei beständig zu jammern und auf die anderen zu verweisen, wir müssen uns der Wahrheit stellen und diese anpacken, dann werden auch die anderen folgen.
Sollten wir dies nicht tun, also wir etwas unternehmen und lernen in der entsprechenden Art und Weise gemeinschaftlich mit den Gaben der Erde umzugehen, werden zumindest die folgende oder sogar die nachfolgenden Generationen, sollte es noch solche geben, die Rechnung, mit Zins und Zinseszins, dafür begleichen müssen.

"Wollen wir das?"

Ausweg aus dem Labyrinth

Der Autor wollte in den vorangegangenen Abschnitten die Leserin/den Leser, vielleicht in einer manchmal etwas provokant erscheinenden Art, für die besondere Problematik der "Lüge" und damit naturgegeben der "Wahrheit" sensibilisieren.
Ich hoffe, dass dies in einem wenigstens befriedigenden Ausmaße gelungen ist und dies zu einer weiteren bewussten Auseinandersetzung mit dem Ich, sowie dem Denken führt.

Viele Menschen jammern über Probleme und vergessen hierbei, dass nicht das Beklagen eines Zustandes wichtig ist, sondern dessen Lösung.
Lösungen wiederum bedeuten Veränderungen und damit das Leben, denn nur was tot ist verändert sich nicht mehr - sagt man zumindest -.
Auch gibt es dann unter den verschiedenen Lösungsansätzen bzw. den Vertretern derselbigen häufig die größten Differenzen, was die Beteiligten manches Mal in dem Streit darüber das eigentliche Ziel vergessen lässt.

Für einen erwachsenen Menschen sollte die Überprüfung der in der Zeit der Reifung vorgegebenen und in dieser Zeit erlernten ethisch-moralischen Maßstäbe und Überzeugungen abgeschlossen sein und erst nach der Übernahme, Verwerfung oder Anpassung dieser Maßstäbe/Überzeugungen an sein "Ich" dürfte er auch als Erwachsener angesehen werden, denn das reine Abhaken des Kalenders, sowie das gedankenlose Übernehmen und stupide Fortführen von ethisch-moralischen Maßstäben / Überzeugungen der Vorgängergeneration, macht noch lange keinen zum Erwachsenen.

Hierfür ist schon einiges mehr erforderlich, was neben manchem "kalendarisch Erwachsenen" vor allen Dingen schwer den Heranwachsenden im Alter von zirka 16 bis 18 Jahren verständlich gemacht werden kann.

Die für manchen provokante Aussage, "Warum wir nicht lügen, selbst wenn wir es tun!", kann die Leserin/der Leser sich mit einer hohen Wahrscheinlichkeit zwischenzeitlich selbst beantworten, doch für die (Stur-) Gläubigen aus den verschiedensten Glaubensfraktionen möchte ich es trotzdem in einigen kurzen Worten darlegen.

Hierbei möchte der Verfasser besonders betonen, dass er mit seinen Ausführungen keiner Glaubensrichtung zu nahe treten will, diese missbilligt oder als zu gering erachtet.

"Wir lügen nicht, selbst wenn wir es tun!", weil der Mensch als Gesamtheit und damit auch als Einzelwesen die Wahrheit nicht kennt, ja sich sogar die Frage letztendlich stellt, inwieweit er überhaupt zur Erkenntnis der Wahrheit fähig ist.

Wahrheit wäre nach der in diesem Buch gebräuchlichen Definition die vollkommene Erfassung von allen Gegebenheiten, was nur dann der Fall ist, wenn wir ein abgeschlossenes, endliches und in allen Einzelheiten bekanntes Bezugssystem hätten.

Das der oder ein Mensch im Rahmen seines Lebens in manchen Situationen und an manchen Punkten die Unwahrheit sagt, also das tut was man landläufig unter lügen versteht, ist nicht in Abrede zu stellen, aber inwieweit der Mensch hierbei sich seiner selbst bewusst ist und wirklich lügt ist nicht ganz so einfach wie dies augenscheinlich der Fall sein mag und sollte bisher vielleicht etwas deutlich geworden sein.

Für uns Menschen ist aber das Streben nach diesem Fernziel Wahrheit etwas sehr wichtiges, denn damit haben wir ein beständiges Ziel, was vergleichbar mit dem Polarstern für die Seefahrer, einem Menschen in allen Stürmen des Lebens den Weg weisen kann. Gleichzeitig steht man auf dem Boden der Wahrheit sehr fest und gut, so dass man sehr schnell die im Leben benötigten Schnittmengen und -punkte mit anderen Individuen findet und etwas Positives aufbauen wird, also keine unnötige Energie verschwendet.

Ob man nun an Gott in einer bestimmten Ausprägung, also in einer der großen Religionsgemeinschaften, innerhalb einer kleinen Splittergruppe oder im stillen Kämmerlein - fern von allen Kirchen und Glaubensinstitutionen - für sich selbst, glaubt oder dies als bekennender "Nichtgläubiger" - den es nach den vorangegangenen Ausführungen nun ja nicht gibt - alles ablehnt, so haben doch alle eines gemeinsam.

Sie treffen sich alle in dem Streben nach ihrem hehren Ziel, welches letztlich als Finden der Wahrheit, wie diese dann auch immer aussehen mag, bezeichnet werden kann. Nennt man es jetzt die Wahrheit oder Erkenntnis Gottes oder die wissenschaftliche Wahrheit/Erkenntnis mag dahingestellt sein und auch bleiben.

Alle diese Ziele sind letzten Endes aber nur über den Weg der Wahrheit zu erreichen, wodurch die Worte

50

von Jesus Christus, sofern er denn gelebt haben sollte, "Ich bin der Weg, die Wahrheit und das Leben!", eine fast prophetische Bedeutung erhalten.

Da der Mensch ja letztlich nur glauben kann, ob nun an Gott oder die so genannten Erkenntnisse der Wissenschaften - die ja nur Theorien bestätigen oder sie nicht bestätigen -, könnte es fast egal sein, wenn die Auswirkungen dessen was ein Mensch glaubt, nicht so frappierend oder darüber hinaus noch so grausam sein könnten.
So hätte ein Hitler, Stalin oder Mao Tse-tung glauben können was er wollte, wenn es ihnen nicht gelungen wäre die Massen hinter sich zu vereinen und damit aus dem noch nicht besonders gefährlichen Einzelnen einen starken Strom von "Gläubigen" und damit Gefolgsleuten und Kämpfern für die Sache, welche ja in den Augen der Anhänger immer eine vermeintlich gute ist, zu machen.

Auch in diesem Punkt sollte man sich nicht "belügen", denn wir sind Individuen und handeln normal als solche, aber andererseits sind wir auch soziale Wesen und der Mensch in der Gruppe ist nicht unbedingt der, der er im Normalfall als einzelner ist.
Hier gilt es die Kontrolle über sich selbst zu behalten, denn nur weil mir jemand aus der Gruppe oder ein vermeintlich ranghöherer eine Anweisung gibt, lege ich meine ethisch-moralischen Maßstäbe/Überzeugungen noch nicht einfach ab oder sollte es doch zumindest nicht tun.
Was wollen denn die so genannten Mächtigen machen, welche ja nur durch die Vielzahl der vermeintlich so Schwachen so mächtig wurden und auch sind, wenn diese plötzlich zu ihren Anweisungen

"Nein" sagen, auf sie pfeifen und zusammenhalten?

Dieser Zusammenhalt ist im Grunde das Problem des einfachen Menschen, denn durch den mangelnden Zusammenhalt ist die notwendige Energie nicht stark genug und einzelne starke Führungspersönlichkeiten, welche sich noch für die Mehrheit der Bevölkerung wirklich einsetzen wollen, können leichter gebrochen werden.

So wäre es lustig gewesen, einen Georg W. Bush mit seinem Tornister gegen Afghanistan marschieren zu sehen, damit er seiner Überzeugung gemäß die "Achse des Bösen bekämpft", und niemand sonst sei ihm gefolgt.

Es ist schade, dass der in vielen Einzelgesprächen mit Menschen der unterschiedlichsten Hautfarben, Konfessionen oder sonstiger verschiedener nicht-religiöser Glaubensvorstellungen von der einzelnen Person gewünschte Weltfrieden bisher nicht umgesetzt werden konnte.
Dabei haben alle großen Religionen den Frieden im Grunde genommen auf ihre Fahnen geschrieben, zumindest dies ist schon einmal erfolgt, aber wenn man es schon nicht schafft sich wegen des Weltfriedens zu einigen, dann braucht man sich letztlich über gar nichts mehr zu wundern.

Der Mensch, egal was er nun glaubt, sollte doch einfach versuchen auf dem Weg der Wahrheit zur Erkenntnis zu kommen und das Erkannte zum Wohle der Menschheit, aller Lebewesen und auch der Erde, welche uns ja nun nicht braucht, umzusetzen.

Begegnen wir auf diesem Wege Gott/dem Schöpfer, kann dies sicherlich nichts schaden und würde uns in der Erkenntnis sicher weiter führen.

Die Vorstellung eines blühenden Garten "Eden" auf der ganzen Welt, in der der Mensch schon einer seinen Neigungen und Fähigkeiten entsprechenden Arbeit ohne die bisher bekannte Entlohnung - außer Unterkunft, Essen, Bekleidung und Versorgung im Krankheitsfall oder Alter - nachgeht, ist nach der Ansicht von vielen unrealistisch, dürfte aber die letztendliche Lösung sein.

Arbeit hat für den Menschen einen Wert in sich und begreift sich der Mensch endlich als Teil einer Weltengemeinschaft, die auf dem Raumschiff Erde nur gemeinsam überleben kann, dann wird der entscheidende geistige Anstoß erfolgt sein.
So lange aber der Mensch in seinem kleinlichen Denken mit seinen unbewussten Selbstbelügungen verharrt, wird der Prozess noch sicherlich einige Zeit dauern oder zumindest auf sich warten lassen.

Der Autor wünscht allen Leserinnen und Lesern, jedenfalls denen die bis hierhin durchgehalten haben, das sie alle aktiv und positiv an ihrem weiteren Lebensverlauf arbeiten, sowie bei der Mitgestaltung einer gemeinsamen Erde durch ihr Denken und ihre Taten behilflich sind.

Nachwort

Es ist traurig zu sehen, wie sich die Menschheit immer wieder in den Haaren liegt und trotz aller Logik, Vernunft, Wissen, Erkenntnis und des Glaubens es auch nicht einen Tag gibt, an dem es gelingt Frieden auf der Welt zu halten.

Sind unsere Urahnen denn noch so präsent in uns, dass wir von diesen letztlich dominiert werden? Auch wenn die Vorstellung des Neandertalers in uns lustig erscheint, ist bei genauer Betrachtung des Weltengeschehens genau die praktische Umsetzung dieser Vorstellung wohl der Schlüssel zu den tagtäglich weltweit geschehenden Grausamkeiten.

Doch so einfach sollten wir es uns nicht machen, auch wenn wir gelesen haben, dass wir unwissend sind und letztlich nichts dafür können. Trotzdem ist die Verantwortung, dies ist wohl eines der meistgehassten Begriffe für eine Vielzahl von Menschen, auf unseren schmalen Schultern und auch wenn wir sie gerne wegfegen würden, sind wir es die dafür verantwortlich sind.

Beginnen wir einfach damit, dass wir uns selbst gegenüber ehrlich sind und nichts mehr vormachen wollen. Hier wird jeder sehen wie leicht er sich nach einiger Zeit fühlen wird.
Was vielleicht danach nicht mehr so toll ist, ist der Umstand, dass manche der so genannten Freunde sich vielleicht abkehren werden. Dies ist aber der Tatsache geschuldet, dass sich bewusste Menschen nicht so einfach ausnehmen und für die egoistischen Ziele der so genannten Freunde mehr missbrauchen

54

lassen.

Für ihr weiteres glückliches Leben wünscht Ihnen der Autor alles erdenklich Gute.

Koblenz, den 04.07.2010

Der Autor

Der Autor Reinhold Ulrich erblickte im Jahre 1959, als jüngster von zwei Söhnen, in der Kleinstadt Münstermaifeld (Kreis Mayen-Koblenz) das Licht der Welt.

Nachdem er bereits die städtische Handelsschule und das Wirtschaftsgymnasium in Koblenz besucht hatte, wurde er etwas später, bedingt durch seine Berufswahl als Beamter der Deutschen Bundespost, im Jahre 1981 Wahlkoblenzer, was er bis heute nicht bereut hat.

Seit seiner Pensionierung im Jahre 2006 entfaltet der Autor sein kreatives Potential, das sich zuvor bereits im Betrieblichen Vorschlagwesen abzeichnete, auch beim Schreiben.

In der Mitte des Jahres 2010 fasste sich der Autor ein Herz und veröffentlichte die nachfolgenden kleineren Werke.

- „Die Blatthansels", in „Das große Vorlesebuch 2011. Eine kunterbunte Geschichtensammlung für die ganze Familie" (ISBN 978-3-8372-0845-0)

- „Die Zeitung", Gedicht in der Frankfurter Edition unter der Literatur der Gegenwart

- „Warum wir nicht lügen, selbst wenn wir es tun!" (ISBN 978-3-8423-3797-8) im Dezember 2010

Homepage des Autors

http://reinhold-ulrich.bodautor.de

http://reinhold-ulrich.jimdo.com